Retrato de Rainer Maria Rilke (c. 1900),
de Oskar Zwintsche.
Obra en dominio público.

CARTAS A UN JOVEN POETA

Rainer Maria Rilke

CARTAS
A UN JOVEN POETA

Traducción y posfacio de Joan Parra

Prólogo de Néstor L. Baruque

Primera edición en esta colección:
marzo de 2026

© del prólogo, Néstor López Baruque, 2026
© de la traducción y el posfacio, Joan Parra, 2026
© de la presente edición: Editorial Alfabeto, 2026

Editorial Alfabeto S. L.
Barcelona
www.editorialalfabeto.com

Depósito legal: B 2824-2026
ISBN: 978-84-17951-62-7
THEMA: DNL

Printed in Spain — Impreso en España

Diseño de cubierta: Isabel González (@muchacha_pinta)
Diseño de interiores y fotocomposición: Grafime S. L.

El papel que se ha utilizado para imprimir este libro proviene
de explotaciones forestales controladas, donde se respetan
los valores ecológicos, sociales y el desarrollo sostenible del bosque.

Impresión: Sagrafic

PRÓLOGO

La presente obra es un tesoro, un regalo de la vida.
Te encuentras ante uno de esos textos que te acompañarán para siempre una vez termines con su lectura, porque no vas a leer un libro como tal, sino que vas a disfrutar de los consejos de un amigo. En *Cartas a un joven poeta* se rompe la barrera de la privacidad, ¡y qué suerte! Rilke no escribió estos textos para publicar un libro y ofrecer su visión del mundo a todos los lectores que buscaran conocer sus opiniones. No. Rilke escribió estas cartas a una persona que estaba perdida con el objetivo de ayudarle en la difícil tarea de comprender los problemas esenciales de la vida.

La persona que recibió las cartas de Rilke se llamaba Franz Xaver Kappus y su nombre merece ser recordado por dos motivos. El primero es su valentía. Kappus tuvo la osadía de, cuando se sentía perdido, pedir consejo a un poeta (ya exitoso) como Rilke para que juzgara sus propias poesías. Kappus no tuvo miedo a la crítica y se desnudó intelectualmente delante de una persona a la que admiraba.

El segundo motivo es su generosidad y altruismo. El joven poeta publicó estas cartas veinte años después de la muerte de Rilke porque él sabía, sin ningún tipo de duda, que estas breves epístolas albergaban en su interior un conocimiento mayúsculo sobre el mundo y el ser humano. Cuando publicó estas cartas, Kappus escribió: «[Son] importantes también para muchos que hoy y mañana crecerán y se formarán». Ya seas joven o mayor, estés feliz o triste, hayas encontrado o no tu camino vital, estas cartas esconden enseñanzas y consejos para todo aquel que tenga la suerte de leerlas. Adentrémonos en su contenido.

Todo ser humano sufre de las mismas cuestiones existenciales: ¿Quién soy yo?, ¿cuál es el sentido de mi vida?, ¿soy un buen profesional?, ¿seré capaz de aguantar los embates de la vida?, ¿qué es el amor?, ¿por qué sufro?, ¿por qué me siento solo?, ¿cómo escapo de la tristeza?, ¿por qué tengo miedo? Estas son algunas de las preguntas a las que Rilke trata de dar respuesta en su correspondencia con Kappus. Pero lo importante no es resolver estas cuestiones que atraviesan todo nuestro ser, sino que hay que vivirlo *todo*, hay que vivir en estas preguntas, en la incertidumbre, para poder ser capaz de llegar a alguna respuesta.

Rilke parte de una premisa: la vida es difícil. Pero todo lo que es serio –dice– es difícil. Ante los problemas existenciales no podemos encontrar atajos. Nadie aprendió a vivir en la adolescencia, del mismo modo que nadie aprendió a superar una ruptura amorosa sin amar primero. Sin embargo, pese a la dificultad que nos aguarda a todos en la incertidumbre del camino vital, Rilke es extremadamente optimista. El poeta nos muestra con sus ideas la crudeza de la vida, sí, pero al mismo tiempo nos ofrece una mano amiga que nos sirve como guía. La clave no es evitar la dificultad, sino asumir que forma parte de nosotros y que puede ser superada.

Los pensamientos que Rilke nos ofrece en estas cartas fueron escritos a principios del siglo xx, pero se sienten como si hubieran sido escritos hoy. Sus ideas son especialmente relevantes en la sociedad del siglo xxi, definida por la velocidad, la incertidumbre y el cambio. Las cosas no duran en nuestra era: todo es líquido y se nos escapa entre los dedos. En la época de las redes sociales nos sentimos más solos que nunca; en el momento histórico donde más personas podemos llegar a conocer, el amor se agota cada vez a mayor velocidad; la generación «más preparada de la historia» es la que más problemas mentales tiene y más sufre las consecuencias de una tecnología que avanza más rápido de lo que podemos asumir. El miedo aflora en los jóvenes ante un futuro incierto gobernado por la inteligencia artificial, en el que cada vez existen menos certezas que nos aseguren una «buena vida». Ante todas estas problemáticas, Rilke tiene algo que decir.

Soledad. La soledad es algo intrínseco al ser humano, nadie puede escapar de sentirse solo alguna vez. Además, en nuestra sociedad la soledad indeseada es un problema que cada vez afecta a más personas. La solución que propone Rilke en sus cartas parte de una aceptación completa. No hay conexiones humanas fuera de la soledad, lo que hacemos parte de nuestro interior, de esa voz interna con la que nos acostamos todas las noches. El poeta nos propone profundizar en la relación con nosotros mismos para dejar el temor de habitar nuestra conciencia. La soledad debe funcionar como refugio y como espacio de reflexión y superación de otros problemas vitales. El ser humano que no se encuentra en paz consigo mismo será incapaz de disfrutar de la comunidad que le rodea. Por el contrario, utilizará a los demás como un medio para huir de la soledad y no como un fin en el que simplemente pueda *ser* con los otros.

Amor. Con el amor ocurre algo similar. Para ser capaces de amar a otro, primero debemos amarnos a nosotros mismos, y esto implica preservar en nuestra soledad cuando iniciemos una relación amorosa. Porque el amor –apunta el poeta– es la máxima prueba a la que se puede enfrentar el ser humano, lo más difícil de la vida, el territorio donde maduramos y llegamos a ser algo en el mundo. Por estas razones, el amor no se puede tomar a la ligera. Cuando nos relacionamos de manera amorosa con otro ser humano no podemos sumergirnos por completo en la relación mientras olvidamos nuestra individualidad, porque si aparecen los problemas (vivimos en la sociedad con la tasa de divorcios más alta de la historia) es importante que cada miembro de la pareja proponga soluciones desde su forma única de entender la vida y estar en el mundo. Aquella persona que ame olvidándose de sí misma está condenada al fracaso, ya que una relación amorosa funciona cuando dos soledades se unen para ser compañeras de vida. No podemos pensar que este proceso será sencillo y que no tendrá momentos difíciles. Una relación amorosa saludable –argumenta Rilke– parte de limitarse el uno al otro, defenderse y rendirse homenaje constantemente: «El amor es lo definitivo, es quizá aquello para lo cual apenas alcanza la vida humana».

Tristeza. ¿Quién no ha sentido el peso de la existencia un día en el que la tristeza le desbordaba? El sentimiento de la tristeza es el que más iguala a los seres humanos. Todos lo hemos sufrido. En nuestro siglo, gracias a los datos estadísticos, conocemos hasta qué niveles la tristeza se expande por nuestra sociedad. ¿Cómo paramos esta epidemia del malestar? Rilke aboga, de nuevo, por una aceptación de las emociones. Cuando estamos tristes –dice– el germen del cambio penetra lentamente en nuestro corazón y emerge un terremoto interno que nos transforma. Por lo tanto, la tristeza es un impulsor, un generador de cambio, ¡porque a nadie le gusta estar triste! Y cuando lo estás, necesitas cambiar ciertos aspectos de tu vida para abandonar ese estado. De hecho, Rilke cuenta que jamás habría podido explicar las entrañas oscuras de la vida sin haberlas visitado primero. La superación de la tristeza le otorgó la capacidad de dar consejos a los demás sobre ella. El resultado lo tenemos en estas cartas.

Miedo. La incertidumbre está en máximos históricos en el siglo XXI. Nadie es capaz de predecir cómo será la vida y cómo funcionará el mundo de aquí a cinco años. Los cambios tecnológicos nos desbordan completamente y nuestra capacidad de adaptación no evoluciona tan rápido como lo hacen los algoritmos.

Es normal tener miedo. ¿Qué hacer contra el miedo? Probablemente ya puedas predecir la postura de Rilke: optimismo absoluto. El poeta defiende que el mundo no está contra nosotros, que no nos tiene preparadas trampas constantemente. No nos hemos despertado un día desnudos en mitad de un pico nevado y se nos ha exigido que sobrevivamos. Nuestros peligros en el día a día son mucho más abordables y sencillos. Lo único que debemos hacer ante los problemas de la vida es ser valientes. Esto es todo lo que nos puede exigir Rilke: enfrentarnos a los peligros con valentía. Los abismos que tenemos delante nos pertenecen, también son parte de nuestro camino. Hay que encontrar el bienestar en el miedo. Hay que amar el miedo. Porque en la conquista del miedo está la vida real. Quien se encuentra en armonía con el miedo y acepta su dificultad será capaz de abordar cualquier situación vital con la confianza necesaria para resolverla y seguir adelante.

Rilke le regaló estas enseñanzas a Kappus y ahora te pertenecen a ti. Deseo de todo corazón que te lleguen tanto como lo hicieron conmigo. Siempre podrás volver a estas páginas cuando te sientas perdido.

NÉSTOR L. BARUQUE

Portada de una reedición temprana, próxima a la publicación
original, de *Cartas a un joven poeta* (*Briefe an einen jungen Dichter*)
en la colección Insel-Bücherei (n.º 406). La obra fue publicada
por primera vez como volumen independiente
por Insel-Verlag en Leipzig en 1929.

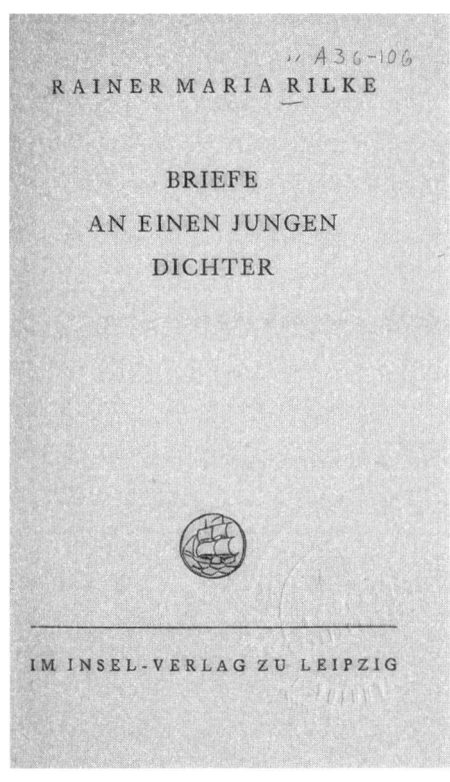

Portadilla de la primera edición de
Cartas a un joven poeta, Insel-Verlag, Leipzig, 1929.

INTRODUCCIÓN

Fue a finales del otoño de 1902. Me encontraba en el parque de la Academia Militar de Wiener Neustadt, leyendo un libro bajo los castaños centenarios. Absorto en la lectura, apenas advertí que se había sentado a mi lado el capellán de la academia, el profesor Horaček, un hombre sabio y bondadoso, el único de nuestros profesores que no era oficial del ejército. Me quitó de las manos el libro, contempló la cubierta y sacudió la cabeza.

—¿Poemas de Rainer Maria Rilke? —preguntó pensativo.

Ojeó varios pasajes del libro, leyó por encima algunos versos, se quedó mirando a lo lejos pensativo y asintió por fin con la cabeza.

—Así que el alumno René Rilke ha acabado siendo poeta.

Y me habló de aquel muchacho delgado y pálido al

que sus padres enviaron quince años atrás a la Escuela Primaria Militar de Sankt Pölten para formarse como oficial. Horaček, por entonces capellán de la institución, se acordaba muy bien de aquel antiguo alumno. Me lo describió como un chico de actitud reservada, silencioso, serio y de gran talento, que soportaba con paciencia el rigor de la vida en el internado y que, al finalizar el cuarto curso, pasó junto con sus compañeros a la Escuela Secundaria Militar, que se encontraba en Mährisch-Weißkirchen. Allí pronto quedó claro que su constitución no era lo bastante robusta, de modo que sus padres lo retiraron de la escuela y lo devolvieron a Praga para que prosiguiera sus estudios. Horaček no había tenido más noticias de él desde entonces.

Después de esto, es comprensible que yo decidiera en aquel mismo momento enviarle a Rainer Maria Rilke mis esbozos poéticos para recabar su opinión. A punto de cumplir veinte años y de ingresar en una carrera profesional que no se compadecía en absoluto con mis inclinaciones, pensé que, si alguien podía entenderme, sería el autor de *Para festejarme*. Y sin habérmelo propuesto de una manera consciente, acabé acompañando mis versos con una carta en la que me desnudaba como nunca lo había hecho hasta entonces, ni lo volvería a hacer jamás ante otra persona.

Pasaron muchas semanas antes de que llegara la respuesta. La carta, sellada con lacre azul y franqueada en París, pesaba bastante y exhibía en el sobre la misma caligrafía clara, bonita y segura con la que estaba escrito el texto desde la primera línea hasta la última.

Así se inició mi correspondencia regular con Rainer Maria Rilke, que se prolongaría hasta 1908 y luego fue extinguiéndose poco a poco, mientras la vida me hacía derivar precisamente hacia los terrenos de los que el interés cálido, tierno y conmovedor del poeta había querido apartarme.

Pero eso no importa. Lo único que importa son las diez cartas que siguen, importantes para conocer el mundo en el que vivió y creó Rainer Maria Rilke, e importantes también para muchos que hoy y mañana crecerán y se formarán. Y cuando habla un ser grande y único, los pequeños deben callar.

FRANZ XAVER KAPPUS

Berlín, junio de 1929

París, 17 de febrero de 1903

Muy señor mío:

Su carta no me llegó hasta hace unos días. Quiero agradecerle la gran cordialidad y confianza de sus palabras. Pero poca cosa más puedo hacer. No puedo entrar a valorar sus versos; nada más lejos de mí que la intención de emitir juicios críticos. No hay palabra crítica capaz de rozar en modo alguno una obra de arte; el único resultado posible es un equívoco más o menos afortunado. No todas las cosas pueden comprenderse y decirse como a menudo se nos quiere hacer creer; la mayoría de los hechos son inefables, y se verifican en un espacio en el que jamás ha penetrado palabra alguna. Y lo más inefable que existe son las obras de arte, existencias misteriosas cuya vida perdura junto a las nuestras, que son perecederas.

Hecha esta observación previa, solo puedo decirle que sus versos carecen de personalidad propia, aunque sí contienen algunos indicios discretos y ocultos que apuntan hacia una voz más personal. Esto lo aprecio con más claridad en el último poema, «Mi alma». En él hay algo suyo que busca tomar palabra y forma. Y en el hermoso poema «A Leopardi» se adivina acaso algún parentesco con ese poeta grande y solitario. Aun así, sus poemas, como ya le he dicho, todavía no son nada por sí mismos, no tienen existencia independiente, ni siquiera el último ni el dedicado a Leopardi. En la amable carta que los acompaña, se insinúan ciertas carencias que aprecié al leer sus versos, aun sin poder llamarlas por su nombre.

Pregunta usted si sus versos son buenos. Me lo pregunta a mí. Antes se lo ha preguntado a otras personas. Los envía a revistas. Los compara con otros y se inquieta cuando ciertas redacciones rechazan sus trabajos. Pues bien, ya que me autoriza a aconsejarle, le ruego que deje de hacer todas esas cosas. Usted mira hacia fuera, y eso es algo que en este momento no debería hacer en absoluto. Nadie puede aconsejarle ni ayudarle, nadie. Solo hay una manera. Entre dentro de sí mismo. Investigue el motivo que lo impulsa a escribir; compruebe si las raíces de ese motivo llegan hasta lo más hondo de su corazón, y confiésese a sí mismo si moriría en caso de que le estuviera vedado escribir. Sobre todo, eso: pregúntese, en la hora más serena de la noche: *¿Tengo que* escribir? Escarbe en su interior hasta encontrar una respuesta profunda. Y si esta es afirmativa, si puede usted replicar a esa grave pregunta con un fuerte y sencillo «Sí», no dude en moldear su vida en razón de esa necesidad, porque entonces su vida habrá de ser, hasta en su hora más indiferente y nimia, manifestación y testimonio de esa exigencia. Luego, acérquese a la naturaleza. Luego, intente decir, como si fuera el primer hombre, lo que ve, lo que vive, lo que ama, lo que pierde. No escriba poesías de amor; por el momento, huya de las formas demasiado corrientes y usuales. Son las más difíciles, pues se necesita una fuerza grande y madura para decir algo con acento propio en un terreno donde existen ya tantos precedentes buenos e incluso excelentes. Así que huya de los temas generales y refúgiese en los que le brinda su propia vida cotidiana; describa sus tristezas y deseos, sus pensamientos fugaces y su fe en algún tipo de belleza; describa todo eso con íntima, serena y humilde sinceridad, y utilice para expresarse las cosas de su entorno, las imágenes de sus sueños y el contenido de sus recuerdos. Si su vida cotidiana le parece pobre, no la culpe; cúlpese a sí mismo, dígase que no es lo bastante poeta para sacar a la luz las riquezas que ella contiene. Para el creador no existe la pobreza, ni lugar pobre o anodino. E incluso si se encontrara en un calabozo cuyas paredes no dejasen llegar a sus sentidos ni uno solo de los ruidos del mundo, ¿no le quedaría todavía su infancia, ese tesoro precioso y regio, ese santuario de la memoria? Dirija su atención a ella. Intente sacar a la superficie las sensaciones sumergidas de ese vasto pasado; su personalidad se consolidará, su soledad se ensanchará y se convertirá en una morada a media luz desde la que oirá pasar de largo a lo lejos el ruido de los demás. Y si de ese giro hacia dentro, de esa inmersión en su mundo propio surgen *versos*, no se le ocurrirá preguntarle a nadie si son buenos *versos*. Tampoco intentará atraer el interés de las revistas por sus trabajos, pues verá en ellos una posesión suya natural y muy querida, un fragmento y una voz de su vida. Una obra de arte es buena si surge por necesidad. Solo se la puede juzgar por su origen; por nada más. Por eso, señor Kappus, no sé darle otro consejo que este: entre dentro de sí mismo y examine las honduras de las que mana su vida; en ese manantial hallará la respuesta a la cuestión de si *tiene que* crear. Acéptela tal como suene, sin intentar interpretarla. Quizá resulte que está llamado a ser artista. En tal caso, asuma ese destino y cargue con él, con su peso y su grandeza, sin preocuparse nunca por la recompensa que pueda llegarle de fuera. El creador debe ser un mundo por sí mismo y encontrarlo todo en sí mismo y en la naturaleza, a la que está ligado.

Pero también puede ser que, tras descender a su interior y a lo más solitario de su ser, descubra que debe renunciar a ser poeta. Como le decía antes, si uno tiene la sensación, por leve que sea, de que podría vivir sin escribir, no le es lícito escribir. Pero tampoco entonces habría sido en vano ese examen de conciencia que le ruego lleve a cabo. Sea cual sea el resultado, a partir de ese punto su vida tomará rumbo propio, y le deseo, con más intensidad de la que soy capaz de expresar, que sus pasos lo lleven por caminos buenos, amplios y prósperos.

¿Qué más puedo decirle? Creo haber dado a cada cosa la importancia que le corresponde. Para acabar, solo quisiera aconsejarle que vaya creciendo con sosiego y seriedad a medida que evoluciona como persona; nada de lo que haga perturbará tanto esa evolución como el mirar afuera y esperar de fuera respuestas que solo podrá hallar, a lo sumo, en sus horas más silenciosas y en lo más íntimo de su sentimiento.

Me ha alegrado mucho encontrar en su carta el nombre del profesor Horaček; siento por ese amable sabio un gran respeto y una gratitud que los años no han borrado. Hágame el favor de transmitirle ese sentimiento; me conmueve que todavía se acuerde de mí, y sé apreciarlo.

Le devuelvo con esta carta los versos que amablemente me hizo llegar. Y una vez más le agradezco su profunda y cordial confianza, a la que he intentado corresponder con sinceridad y lo mejor que he sabido.

Espero ser un poco más digno de esa confianza de lo que cabría esperar en un extraño.

Con todo mi afecto y simpatía,

RAINER MARIA RILKE

Viareggio (cerca de Pisa, Italia), 5 de abril de 1903

Me perdonará usted, apreciado señor Kappus, que hasta hoy no haya prestado a su carta del 24 de febrero la atención que merece: he estado todo este tiempo indispuesto, no exactamente enfermo, pero sí en un estado de decaimiento parecido al que provoca la gripe, que me tenía reducido a la inactividad. Al final, viendo que no había manera de que la cosa mejorase, decidí venirme a orillas de este mar meridional, cuyas bondades ya tuve ocasión de apreciar en el pasado. Pero no me he recuperado todavía, y se me hace difícil escribir; valgan, pues, estas pocas líneas por otras muchas más que le escribiría si pudiera.

Sepa usted que, por supuesto, siempre me alegrará recibir carta suya. Solo le ruego que contemple con indulgencia mis respuestas, que quizá muchas veces lo dejarán con las manos vacías. Y es que en el fondo, y sobre todo en lo que toca a los asuntos más profundos e importantes, estamos indeciblemente solos, y para que una persona pueda aconsejar o incluso ayudar a otra, aunque solo sea una vez, es preciso que sucedan muchas cosas, que se junten muchos factores, que se conjugue toda una constelación de circunstancias.

Hoy solo quiero decirle dos cosas más. Por lo que respecta a la ironía: no deje que lo domine, especialmente en los momentos no creativos. En los momentos creativos, intente servirse de ella como de un recurso más para encarar la vida. Si la usa de manera limpia, se mantendrá limpia y no tendrá por qué avergonzarse; y si nota que se está acostumbrando excesivamente a ella y lo inquieta esa creciente familiaridad, dirija su atención a objetos grandes y serios, ante los cuales se torna pequeña e impotente. Busque la profundidad de las cosas, adonde nunca desciende la ironía, y cuando, al hacerlo, se halle frente a cosas verdaderamente grandes, aproveche la ocasión para examinar si ese modo de percepción surge de una necesidad de su ser. Bajo la influencia de las cosas realmente serias, la ironía, si es meramente casual, se desprenderá de usted; en cambio, si realmente forma parte de su naturaleza, se fortalecerá hasta convertirse en una herramienta seria y se alineará junto a los demás recursos con los que habrá usted de construir su arte.

Y lo segundo que quería contarle hoy es lo siguiente: de todos los libros que poseo, muy pocos me son imprescindibles. Pero dos de ellos lo son tanto que siempre los tengo conmigo dondequiera que esté. Ahora también están cerca de mí. Se trata de la Biblia y de los libros del gran escritor danés Jens Peter Jacobsen. Me pregunto si conoce usted sus obras. Puede procurárselas fácilmente; una parte de ellas está publicada, en una excelente traducción, en la colección Universal-Bibliothek de la editorial Reclam. Hágase con el volumen *Seis relatos* de J. P. Jacobsen y su novela *Niels Lyhne*, y empiece por el primer relato del primer volumen, que se llama «Mogens». Verá abrirse ante usted todo un mundo, el gozo, la riqueza, la inconcebible grandeza de un mundo. Quédese a vivir durante un tiempo en esos libros, y aprenda de ellos lo que le parezca digno de aprender, pero ante todo ámelos. Ese amor volverá a usted multiplicado por mil, y sea lo que sea de su vida, estoy seguro de que se entretejerá en ella y será uno de los hilos más importantes en el entramado de experiencias, decepciones y alegrías de su devenir existencial.

Si me preguntan de quién he aprendido algo acerca de la naturaleza de la creación artística y de su profundidad y eternidad, solo puedo mencionar dos nombres: Jacobsen, ese enorme escritor, y el escultor

Auguste Rodin, que no tiene parangón entre todos los artistas vivos.

¡Y que el éxito lo acompañe en su recorrido!

Afectuosamente,

RAINER MARIA RILKE

Viareggio (cerca de Pisa, Italia), 23 de abril de 1903

Apreciado señor Kappus, me dio usted una gran alegría con la carta que me envió por Semana Santa. Esa
carta dice mucho en su favor. Sus palabras acerca del
arte grande y gozoso de Jacobsen me muestran que no
andaba equivocado cuando orienté su vida y sus muchas preguntas hacia esa plenitud.

Ahora se desplegará ante usted *Niels Lyhne*, un libro de magnificencias y honduras. A cada nueva lectura se reafirma la idea de que parece contenerlo todo,
desde el más leve aroma de la vida hasta el sabor in-
tenso y grande de sus frutos más turgentes. No hay
nada en él que no haya sido entendido, asumido, ex-
perimentado y reconocido en la resonancia temblo-
rosa del recuerdo; ninguna experiencia es demasiado
nimia, y el suceso más pequeño se desenvuelve como
un destino, y el destino mismo es como un prodigioso
y vasto tejido en el que cada hilo ha sido trenzado con
infinita delicadeza y colocado junto a otro, y es soste-
nido y portado por otros cien. Experimentará usted la

enorme dicha de leer ese libro por primera vez, y pasará a través de sus incontables sorpresas como quien sueña un sueño nuevo. Sin embargo, puedo asegurarle que más adelante el lector vuelve una y otra vez a recorrer esos libros con el mismo asombro, sin echar en falta ni un ápice de su prodigioso poder ni del carácter fabuloso con el que abruman la primera vez. Simplemente, los lee cada vez con mayor deleite, cada vez con más gratitud, y de algún modo su mirada se hace mejor y más sencilla, más honda su fe en la vida, y su vida misma, más dichosa y grande.

Y después ha de leer usted el maravilloso libro del destino y el anhelo de Marie Grubbe, y las cartas de Jacobsen, y sus diarios y fragmentos, y finalmente sus poemas, que (aunque la traducción es mediocre) viven en un resonar infinito. (Le recomiendo que compre, si se le presenta la ocasión, la estupenda edición de las obras completas de Jacobsen en tres volúmenes, publicada en Leipzig por Eugen Diederichs y bien traducida, que contiene todo esto, y cuesta, según creo, solo cinco o seis marcos por volumen).

En lo que respecta a «Aquí debiera haber rosas...», esa obra de incomparable sutileza y sentido de la forma, por supuesto tiene usted razón de manera incontestable, diga lo que diga el autor de la introducción. Permítame hacerle un ruego: evite en lo posible leer críticas sobre asuntos estéticos. Las hay de dos clases: las que reflejan opiniones partidarias, fosilizadas y reducidas al absurdo por un huero empecinamiento, y los hábiles juegos de palabras en los que hoy triunfa un punto de vista y mañana el contrario. Las obras de arte viven en una soledad infinita, y no hay nada menos capaz de rozarlas que la crítica. Solo el amor puede abrazarlas y sostenerlas y tratarlas con justicia. Dese siempre la razón *a sí mismo* y a sus sentimientos frente a cualquier estudio, comentario o introducción; si resultase que está equivocado, el crecimiento natural de su vida interior irá sacándolo del error con el tiempo. Deje que su criterio evolucione libremente, en silencio y sin estorbo; ese progreso, como cualquier otro, debe salir de lo más hondo del interior, y no es posible apremiarlo ni acelerarlo. Solo hay *una* manera: estar embarazado y luego dar a luz. Dejar que cada impresión y cada germen de sentimiento madure en nuestro interior, en lo oscuro, en lo inefable, inconsciente, inalcanzable para nuestro propio entendimiento, y aguardar con honda humildad y paciencia la hora del nacimiento de una nueva claridad. Solo eso es vivir artísticamente, tanto a la hora de comprender como a la de crear.

No hay que andar midiendo el tiempo. Los años no cuentan, y diez años no son nada. Ser artista significa no calcular ni contar, sino madurar como el árbol, que no apremia a su savia, y se alza confiado en los días ventosos de la primavera sin temer ni por un instante que después pueda no llegar el verano. Sí llega. Pero solo les llega a los pacientes, a los que viven como si tuvieran toda la eternidad por delante, sin preocupaciones, con calma y amplitud. Lo aprendo cada día, lo aprendo con dolores que agradezco. ¡La *paciencia* lo es todo!

En cuanto a Richard Dehmel; lo que me sucede con sus libros (y, dicho sea de paso, también con su persona, pues lo he tratado de manera pasajera) es que, cuando leo con placer una de sus páginas, enseguida pienso con temor en la siguiente, que puede echarlo todo por tierra y tornar lo que era estimable en algo indigno. Lo caracteriza usted muy bien con la frase «vivir y escribir en celo». Algo de eso hay. La experiencia artística se halla tan increíblemente cercana a la sexual, a sus dolores y placeres, que en realidad ambos fenómenos no son más que formas distintas de un único anhelo y de una sola bienaventuranza. Y en el caso de Dehmel, si en lugar de celo pudiéramos hablar de sexo, sexo en el sentido grande, vasto, limpio, no enturbiado por las sospechas de la superchería eclesiástica, su arte sería sin duda grandioso e importantísimo. Tiene una gran fuerza literaria, intensa como un instinto primitivo y dotada de ritmos propios, ajenos a todo compromiso, que mana de él como el agua mana de las cumbres.

Pero esa fuerza no siempre parece del todo sincera, y a veces tiene algo de pose. (Esa es precisamente una de las pruebas más duras a que se ha de someter el creador: debe ser siempre inconsciente e ignorante de sus mejores virtudes, si quiere mantenerlas espontáneas y sin mácula). Y luego, cuando esa fuerza atraviesa con vehemencia todo su ser y desemboca en lo sexual, no encuentra en él un ser humano lo bastante puro. El mundo sexual de Dehmel no es del todo maduro y limpio; le falta *humanidad* y le sobra *masculinidad*: es todo celo, frenesí y desasosiego, y arrastra los viejos prejuicios y arrogancias con los que el varón ha desfigurado y lastrado el amor. *Solo* ama como hombre, no como ser humano; por eso hay en su sentimiento sexual algo estrecho, algo que se antoja silvestre, repelente, temporal, no eterno, que merma su arte y lo hace equívoco y dudoso. Su arte *no* es inmaculado, está preso del tiempo y de la pasión, y de él no quedará ni perdurará gran cosa. (Por cierto, lo mismo se puede decir de la mayor parte de las manifestaciones artísticas). Pero aun así es posible gozar intensamente de lo que tiene de grande, evitando, por supuesto, que nos desoriente y nos convierta en adláteres de ese mundo dehmeliano tan oprimido por el miedo, tan lleno de adulterio y confusión, y tan lejano de los destinos verdaderos, que hacen sufrir más que esas congojas temporales, pero también dan más ocasión para la grandeza y más coraje para afrontar la eternidad.

Para acabar, por lo que respecta a mis libros, me encantaría enviarle todos los que puedan procurarle alguna satisfacción. Pero soy muy pobre, y mis libros dejan de pertenecerme en cuanto son publicados. No puedo comprarlos ni yo mismo, pese a que a menudo me gustaría poder regalárselos a quienes sé que los tratarían con amor.

Por eso le he apuntado en una nota aparte los títulos (y editoriales) de mis libros más recientes (los más nuevos; en total he publicado unos doce o trece), y dejo en sus manos, querido amigo, adquirir alguno de ellos si es su deseo.

Me complacería saberlos a su lado.

Con mis mejores deseos,

RAINER MARIA RILKE

Worpswede (temporalmente), 16 de julio de 1903

Hace unos diez días me marché de París, muy indispuesto y cansado, y me vine a una gran llanura nórdica, con la esperanza de que su vastedad y su silencio y su cielo me devolvieran la salud. Pero lo que he encontrado ha sido una retahíla de días lluviosos. Hoy, por fin, ha empezado a aclarar un poco sobre la tierra agitada por el viento, y aprovecho este primer momento de claridad para saludarlo, querido amigo.

Querido señor Kappus, he dejado largo tiempo sin respuesta una carta suya; y no es que me haya olvidado de ella; al contrario, es de esas que uno siempre relee cuando las encuentra entre las otras, y en ella me parece verlo a usted como desde muy cerca. Es la carta del dos de mayo, seguro que se acuerda. Cuando, como ahora, la leo en el gran silencio de este lugar remoto, su fervor por la vida me conmueve más incluso de lo que me conmovió en París, donde todo resuena y reverbera de otro modo, a causa del enorme ruido que hace temblar las cosas. Aquí, rodeado de una imponente extensión de terreno azotada por los vientos procedentes del mar, percibo con toda claridad que no hay ser humano capaz de responderle esas preguntas y sentimientos que viven una vida propia en lo profundo; y es que, a la hora de hablar de cosas tan sutiles y casi indecibles, hasta los mejores se equivocan de palabras. Pero aun así estoy seguro de que hallará usted la solución si la busca en cosas parecidas a estas en las que se solazan ahora mis ojos. Si está atento a la naturaleza, a lo más sencillo que hay en ella, a lo pequeño, que casi nadie ve, pero que tan fácilmente puede devenir grandioso e inconmensurable; si siente esa devoción hacia lo minúsculo e intenta, modestamente, ponerse al servicio de todas esas cosas en apariencia pobres y ganarse su confianza; entonces todo le parecerá más fácil, homogéneo y, de algún modo, tranquilizador, quizá no en el raciocinio, que se quedará atrás desconcertado, pero sí en su conciencia, vigilia y saber más íntimos. Querido amigo, es usted muy joven, apenas ha empezado a vivir, y yo quisiera, en la medida en que me es posible, pedirle que aguarde con paciencia la resolución de todas las cuestiones que su corazón tiene aún pendientes, y que intente amar *las preguntas mismas*: imagíneselas como alcobas cerradas o libros escritos en una lengua totalmente desconocida para usted. En este momento no debe rebuscar en pos de esas respuestas que nadie puede darle, porque no sería capaz de vivirlas. Y lo importante es vivirlo todo. *Viva* ahora las preguntas. Quizá poco a poco, sin darse cuenta, algún día aún lejano empiece a vivir las respuestas. Quién sabe, quizá lleva usted en su seno la posibilidad de crear y dar forma, como un modo de vida singularmente bienaventurado y puro; edúquese para ello, pero acepte con plena confianza todo lo que venga, y si surge de su voluntad, de alguna necesidad de su interior, asúmalo y no rechace nada. El sexo es difícil, desde luego. Pero todo lo que se nos ha encomendado es difícil, casi todo lo serio es difícil, y todo es serio. Cuando se dé cuenta de ello y llegue por sí mismo, por *su* disposición natural y *su* manera de ser, a partir de *su* experiencia, *su* infancia y *su* fuerza, a ver el sexo de una manera totalmente personal (no influida por las convenciones y la moral), entonces ya no temerá perderse y volverse indigno de su mejor posesión.

· La voluptuosidad física es una experiencia sensorial, igual que lo son la pura contemplación o la pura sensación con que un fruto maduro colma la lengua; es una experiencia grande e infinita que se nos da, un conocimiento del mundo, el conocimiento mismo en toda su plenitud y esplendor. Adquirir esa experiencia no es malo; lo malo es que casi todo el mundo abusa de ella y la dilapida y la utiliza como distracción y como estímulo en los momentos de desfallecimiento, en lugar de vivirla como una suma de puntos culminantes. De hecho, los seres humanos hemos transformado incluso el simple acto de comer: la escasez por un lado y el exceso por el otro han enturbiado lo que era una necesidad perfectamente diáfana, y todas las demás necesidades profundas y sencillas en las que la vida se renueva se hallan enturbiadas de modo semejante. Pero el individuo puede devolverles la claridad para sí mismo y habitar en ella (y si no el individuo normal, que es demasiado dependiente, sí el solitario). Puede recordar que toda la belleza de los animales y de las plantas es una silenciosa forma duradera de amor y anhelo, y puede ver al animal, igual que ve a la planta, unirse y multiplicarse y crecer con paciencia y con buen ánimo, no por placer carnal ni por dolor carnal, sino inclinándose ante imperativos mayores que el placer y el dolor, y más poderosos que la voluntad y la resistencia. Ojalá el ser humano acogiera con más humildad ese misterio, del que la tierra está colmada hasta en sus cosas más ínfimas, y lo llevara y soportara con más seriedad, y sintiera su tremendo peso, en lugar de tomárselo con ligereza. Ojalá mirara con respeto su propia fecundidad (que es solo *una*, aunque parezca dividirse en intelectual y física, pues también la creatividad intelectual surge de la creatividad carnal, es de la misma naturaleza, es una especie de repetición más sigilosa, arrobada y eterna de la voluptuosidad corporal). «La idea de ser un creador, de engendrar, de dar forma» no es nada si no se confirma y materializa en el mundo de modo permanente, no es nada si no tiene la multitudinaria aprobación de las cosas y de los animales; y si hay una belleza y plenitud tan indescriptibles en su goce, es porque este contiene el recuerdo heredado del engendramiento y el alumbramiento de millones de criaturas. En una idea creativa reviven mil noches de amor olvidadas, que la colman de majestad y elevación. Y los que en las noches se juntan y se entrelazan y mecen en el placer llevan a cabo una tarea transcendente: acumulan dulzuras, hondura y fuerza para la canción de algún poeta futuro, que se alzará para decir goces indecibles. E invocan el futuro; y por más que se equivoquen y se abracen a ciegas, el futuro llegará, una nueva criatura humana se pondrá en pie, y aunque todo ello parezca guiado por el azar, en realidad prevalecerá la ley, que hará que una semilla fuerte y resistente se abra camino hacia el óvulo, que le saldrá al paso abierto de par en par. No se deje engañar por la superficie: en las profundidades, todo se hace ley. Y los que viven el misterio de manera errónea e indigna (y son muchos), lo pierden para sí mismos, pero aun así lo transmiten sin saberlo, como una carta sin abrir. Y no se deje desconcertar por la multiplicidad de los nombres y la complejidad de los casos. Quizá por encima de todo hay una gran maternidad, un anhelo común a todos. La belleza de la mujer virgen, de esa criatura que (como dice usted tan bellamente) «todavía no ha dado nada», es una maternidad que se intuye y prepara, que teme y anhela. Y la belleza de la madre es la maternidad hecha servicio; y en la anciana habita un recuerdo grandioso. Y, tal como yo lo veo, también en el hombre hay maternidad, física e intelectual; engendrar es otra manera de alumbrar: crear a partir de una íntima plenitud es dar a luz. Y quizá los sexos están más emparentados de lo que suele creerse, y la gran renovación del mundo consistirá acaso en que hombre y mujer, liberados de todos los espejismos y renuncias, no se busquen como opuestos, sino como hermanos y vecinos, y se unan como *seres humanos*, para llevar juntos con sencillez, gravedad y paciencia la pesada carga del sexo que les ha sido impuesta.

Todo esto quizá estará al alcance de muchos algún día, pero entretanto el solitario ya puede prepararlo y edificarlo ahora con sus manos, que erran menos. Por eso, querido amigo, debe usted amar su soledad, y arrostrar con armonioso lamento el dolor que ella le causa. Dice usted que las personas que tiene cerca en realidad están lejos; eso demuestra que el espacio en torno a su persona empieza a ensancharse. Y si lo cercano le parece distante, es que sus márgenes ya son enormes y están entre las estrellas; goce de ese crecimiento, en el que nadie puede acompañarlo, y sea benévolo con los que se quedan atrás, y muéstrese seguro y tranquilo ante ellos, y no los atormente con sus dudas ni los asuste con su esperanza o su entusiasmo, que no podrían comprender. Procure compartir con ellos cosas sencillas y familiares, que no tengan por qué cambiar a medida que usted vaya evolucionando; ame en ellos la vida encarnada en una forma ajena, y sea indulgente con los mayores, que temen esa soledad en la que usted confía. Evite atizar las llamas del conflicto que siempre enfrenta a las generaciones, consumiendo las fuerzas de los hijos y erosionando ese amor de los padres que actúa y da calor aunque no comprenda. No les pida consejo ni cuente con que lo entiendan, pero tenga fe en el amor que guardan para usted como una herencia, y confíe en que hay en él una fuerza y una bendición que pueden llevarlo muy lejos sin apartarse en realidad de ellas.

Me parece bien que, por ahora, vaya usted a parar a una profesión que le dará independencia y le permitirá llevar las riendas de su vida en todos los sentidos.

Si tiene paciencia, pronto sabrá si esa profesión coarta su vida más íntima. Yo la tengo por muy ardua y exigente, pues está regida por fuertes convencionalismos, y apenas deja margen para dar a sus tareas una impronta personal. Pero incluso en situaciones que le resulten muy ajenas, su soledad le servirá de apoyo y hogar, y será la llave que le abra todas las puertas. Cuente usted con mis mejores deseos y con toda mi confianza.

Afectuosamente,

RAINER MARIA RILKE

Roma, 29 de octubre de 1903

Apreciado señor:

Su carta del 29 de agosto me alcanzó en Florencia, y no le he dado respuesta hasta ahora, pasados ya dos meses. Perdone este retraso. No me gusta escribir cartas cuando estoy de viaje, porque para ello necesito algo más que los requisitos mínimos; necesito encontrar un poco de sosiego y soledad y un momento suficientemente propicio.

Llegamos a Roma hace unas seis semanas, en un momento en que era todavía la Roma vacía, calurosa y, según se decía, asolada por las fiebres, y esta circunstancia contribuyó, junto a las dificultades prácticas del acomodo, a sumirnos en una agitación interminable y a hacernos sentir no solo extranjeros, sino desterrados. Por si esto fuera poco, Roma (cuando no se la conoce todavía) produce en los primeros días un efecto de tristeza y opresión, debido al turbio y lúgubre olor a museo que emana, debido a la omnipresencia de sus

muchos pasados, exhumados y trabajosamente con-
servados (de los que se nutre un presente mediocre),
debido a la desmesurada fascinación por ese cúmulo
de cosas desfiguradas y descompuestas, meros restos
casuales de otro tiempo y de una vida que no es la
nuestra ni ha de serlo, alimentada por eruditos y filó-
logos y emulada por los turistas adocenados que reco-
rren Italia. Por fin, tras semanas de constante rechazo,
uno vuelve en sí y, aun sin superar del todo la perplejidad, se dice: No, aquí no hay *más* belleza que en
otros lugares, y todas esas cosas chapuceramente re-
mendadas y apañadas, a las que han rendido culto una
generación tras otra, no significan nada, no son nada
y no tienen alma ni valor alguno; simplemente, aquí
hay mucha belleza porque hay mucha belleza en todas
partes. El agua, rebosante de vida inagotable, discurre
hacia la gran ciudad por los viejos acueductos, y baila
en las numerosas plazas en pilas blancas de piedra, y
se extiende en amplias y espaciosas tazas, y murmura
de día, y acrecienta su murmullo por la noche, aquí,
vasta y estrellada y aireada, mansamente. Y aquí hay
jardines, inolvidables alamedas y escalinatas concebi-
das por Miguel Ángel, escalinatas hechas a semejanza
del agua que cae y que descienden engendrando ge-
nerosas escalón tras escalón como ola tras ola. Gracias a esas impresiones, uno se concentra, se rescata a

sí mismo de toda esa exigente abundancia que habla y parlotea (¡y con qué locuacidad!), y aprende poco a poco a distinguir los escasos objetos en los que perdura una eternidad que se puede amar y una soledad de lo que se puede participar quedamente.

Todavía vivo en la ciudad, en el Capitolio, cerca de la más bella estatua ecuestre que nos ha legado el arte romano: la de Marco Aurelio. Pero dentro de unas pocas semanas ocuparé una vivienda silenciosa y sencilla, un viejo desván, perdido en lo más profundo de un gran parque, oculto a la ciudad, su ruido y su azar, donde pasaré todo el invierno, gozando de la gran calma que allí reina, de la que espero el regalo de muchas horas buenas y provechosas...

Desde allí, donde me sentiré más recogido, le escribiré una carta más larga, en la que comentaré también la última suya. Hoy solo me resta decirle (quizá debería haberlo hecho antes) que el libro con obras suyas que me anuncia en su carta todavía no ha llegado a mis manos. ¿Se lo han devuelto, quizá desde Worpswede? (No se pueden reenviar paquetes al extranjero). De todas las posibilidades, esa sería la mejor, y me gustaría verla confirmada. Espero que el libro no se haya perdido, lo cual, tal como funciona el servicio de correos italiano, no sería de extrañar, por desgracia.

En fin, me habría gustado recibir también ese libro (igual que cualquier otra noticia de usted); y los versos que haya escrito entretanto, si tiene a bien hacérmelos llegar, siempre los leeré y releeré y les dedicaré toda mi atención e interés.

Con mis mejores deseos y saludos,

Afectuosamente,

RAINER MARIA RILKE

Roma, 23 de diciembre de 1903

Querido señor Kappus:

Llega la Navidad, y no quiero que le falte un saludo mío ahora que, en medio de las celebraciones, sobrellevará usted su soledad con más dificultad que de costumbre. Sin embargo, si siente que su soledad es grande, alégrese de ello; pues ¿qué sería, como bien dice usted, una soledad sin grandeza? Solo hay *una* soledad, y es grande y difícil de sobrellevar, y en determinados momentos, casi nadie está a salvo de querer desprenderse de ella a cambio de compartir algo, por banal y barato que sea, o a cambio de la más mínima apariencia de entendimiento con la primera persona que aparezca, hasta con la más indigna... Pero quizá son precisamente esos los momentos en que la soledad crece; y es que su crecimiento es doloroso como el de los niños y triste como los primeros días de la primavera. Pero no deje que eso lo aparte de su camino. Lo único realmente necesario es la soledad, una gran soledad interior. Entrar en uno mismo y no encontrarse con nadie durante horas: eso es lo que hay que lograr. Estar solos como lo estábamos de niños, cuando los adultos nos rodeaban, enredados en cosas que se nos antojaban importantes y de gran magnitud, porque los mayores parecían ocupadísimos y porque no entendíamos nada de lo que hacían.

Y cuando llega el día en que uno se da cuenta de que esas ocupaciones son mezquinas y esos oficios están atrofiados y ya nada los liga a la vida, ¿por qué no seguir mirándolos entonces con ojos de niño, como cosas extrañas, desde la profundidad de nuestro propio mundo, desde la vasta extensión de nuestra soledad, que también es por sí misma un trabajo, un rango y un oficio? ¿Por qué trocar la sabia incomprensión del niño en rechazo y desprecio? La incomprensión significa estar solo, pero el rechazo y el desprecio implican tomar parte justamente en aquello de lo que uno quisiera apartarse.

Piense, querido amigo, en el mundo que lleva dentro, y llame a ese pensamiento como le plazca, ya sea recuerdo de infancia o anhelo de futuro; pero preste siempre atención a lo que se alza en su interior, y póngalo por delante de todo lo que vea en su entorno. Su acontecer íntimo merece todo su amor; debe, por decirlo así, cultivarlo, y no perder demasiado tiempo ni energía en aclarar su posición con respecto a los demás seres humanos. ¿Quién le dice que realmente tiene una posición? Lo sé; su profesión es dura y está llena de cosas que lo contrarían. Yo ya esperaba su queja, la veía venir. Y ahora que ha llegado, no puedo mitigarla, sino solo darle un consejo: pregúntese si no serán así todas las profesiones, si no estarán todas llenas de exigencias, llenas de hostilidad hacia el individuo, como empapadas del odio de los que, mudos y amargados, se han acomodado a la aridez del deber. La profesión que, le guste o no, desempeña usted ahora, no está más cargada de convenciones, prejuicios y errores que las demás; ciertamente, hay quienes hacen ostentación de una mayor libertad, pero eso no significa que habiten en sí mismos de manera desenvuelta y holgada ni que estén en conexión con las cosas grandes que constituyen la vida verdadera. Solo el individuo en soledad se acoge a las leyes profundas como lo hacen las cosas, y cuando uno se interna en la mañana incipiente, o se asoma al crepúsculo lleno de acontecer, y siente lo que ahí sucede, pierde toda condición social, como los muertos, por más que se encuentre en el meollo de la vida. Lo que siente en su condición de oficial del ejército, querido señor Kappus, lo sentiría de manera parecida en cualquier otro de los oficios habituales; es más, no se libraría de esa sensación que lo oprime ni siquiera si renunciase a toda profesión y se limitara a mantener un vínculo liviano e independiente con la sociedad. Sucede lo mismo en todas partes, pero eso no debe causarle miedo ni tristeza; si no tiene nada que compartir con los seres humanos, intente acercarse a las cosas, que no lo abandonarán; le quedarán las noches y el viento que cruza bosques y tierras sin número; le quedarán los mil aconteceres de las cosas y los animales, en los que podrá tomar parte, y le quedarán los niños, que siguen siendo como fue usted, igual de tristes y dichosos; y cuando rememore su infancia, volverá a habitar entre ellos, entre los solitarios niños, y los adultos no serán nada, y la dignidad de los adultos no valdrá nada.

Y si, al pensar en la infancia y en todas las cosas sencillas y serenas que la acompañan, siente temor y angustia al ver que ya no puede creer en Dios, que se manifiesta en todas esas cosas, entonces, querido señor Kappus, pregúntese si de verdad ha perdido a Dios. ¿No será más cierto que todavía no lo ha poseído nunca? ¿Cuándo, hasta ahora, podría haberlo poseído? ¿Cree que un niño puede sostenerlo a Él, a quien un hombre adulto apenas puede llevar a hombros; a Él, cuyo peso doblega a los ancianos? ¿Cree que, si lo poseyera de veras, podría perderlo como se pierde una piedrecilla? ¿No le parece más posible que sea Él, en todo caso, quien pueda perder a quien lo posee? Y si llega a la conclusión de que Él no estaba en su infancia, ni tampoco antes, si intuye que a Cristo lo traicionó su anhelo y a Mahoma lo engañó su orgullo, y si siente con terror que ahora, en este momento en que hablamos de Él, tampoco está, ¿qué le da derecho a echarlo de menos como a un ausente y a buscarlo como si se hubiera perdido, a Él, que nunca fue?

¿Por qué no piensa más bien que está por venir, que se lo aguarda desde siempre, que es el ser futuro, el fruto final de un árbol cuyas hojas somos nosotros? ¿Qué le impide a usted proyectar *Su* nacimiento al mañana y vivir su vida como un día doloroso y bello en la historia de un grandioso embarazo? ¿No ve que todo lo que acontece es siempre, una y otra vez, inicio? ¿Y no será eso *Su* inicio, ya que todo principio es siempre tan hermoso de por sí? Si Él es la perfección total, ¿no deberá precederlo todo lo inferior, para que pueda elegir de entre la plétora y la abundancia? ¿No ha de ser Él por fuerza el último, para abarcarlo todo en Sí? ¿Y qué sentido tendríamos nosotros si Aquel al que anhelamos ya hubiera sido?

Igual que las abejas acopian la miel, nosotros tomamos de todo lo más dulce y con ello edificamos a Dios. Hasta lo más nimio, lo menos aparente, nos sirve para empezar (a condición de que sea por amor);

con nuestro trabajo y el descanso que lo sigue, con nuestros silencios o nuestros pequeños gozos en soledad, con todo lo que hacemos solos, sin compañeros ni seguidores, lo empezamos a Él, a quien no veremos. Tampoco nuestros antepasados nos vieron a nosotros; y sin embargo, los que ya partieron siguen estando en nosotros, predisponiéndonos, como una carga que pesa sobre nuestro destino, hechos sangre rumorosa y gesto que se alza desde las honduras del tiempo.

¿Hay algo que pueda privarlo de la esperanza de ser un día en Él, en el ser más lejano y culminante?

Querido señor Kappus, celebre la Navidad con el sentimiento devoto de que su angustia vital es quizá lo que Él necesita de usted para empezar; acaso estos días de transición que atraviesa sean precisamente el momento en que toda su persona se afana por Él, como hace tiempo, de pequeño, se afanó también por Él ardorosamente. Tome las cosas con paciencia y buena voluntad, y piense que lo menos que podemos hacer es no poner a Su advenimiento más obstáculos que los que le pone la tierra a la primavera cuando va a llegar.

Y esté alegre y confiado.

Afectuosamente,

RAINER MARIA RILKE

Roma, 14 de mayo de 1904

Querido señor Kappus:

Ha pasado mucho tiempo desde que recibí su última carta. Le ruego que no me lo tenga en cuenta. Primero el trabajo, luego algunos asuntos molestos y finalmente mi mala salud me han impedido sucesivamente darle respuesta. Quería que mis palabras le llegaran desde días más tranquilos y agradables. Ahora que ya me encuentro algo mejor (aquí también se ha hecho sentir este principio de primavera, con sus cambios arteros y caprichosos), me dispongo por fin con sumo gusto, querido señor Kappus, a enviarle un saludo y contestar lo mejor que pueda a algunos puntos de su carta.

Ya lo ve: he copiado su soneto, porque me pareció hermoso y sencillo y nacido para esa forma llena de calmoso decoro en la que se presenta. Son los mejores versos suyos que me ha dejado leer. Y si le envío esta copia es porque sé que reencontrar una obra propia escrita por mano ajena es toda una experiencia nueva y realmente importante. Lea ese poema como si fuera de otro, y sentirá en lo más hondo de su ser hasta qué punto es suyo.

Ha sido un gozo para mí leer y releer su soneto y su carta; le doy las gracias por ambos.

No se deje apartar de su soledad por el hecho de que algo en usted pugne por abandonarla. Justamente ese deseo, si sabe utilizarlo de manera serena y soberana, y como una herramienta, lo ayudará a desplegar su soledad sobre un amplio terreno. La gente echa mano de las convenciones para encarrilarlo todo por el camino fácil, es más, por el lado más fácil del camino fácil. Sin embargo, está claro que hemos de buscar lo difícil; todo lo vivo sigue esa norma, todo en la naturaleza crece y se defiende conforme a su carácter y es un ente en sí mismo y por sí mismo, y pugna por serlo a toda costa y frente a todo obstáculo. Sabemos poco, pero la necesidad de buscar lo difícil es una certeza que, una vez adquirida, nunca nos abandona; es bueno estar solo, pues la soledad es difícil; que algo sea difícil es razón de más para hacerlo.

Y, como el amor es difícil, también es bueno amar. Quererse de persona a persona: ese es quizá el más difícil de los trabajos que se nos han encomendado, la misión suprema, la última prueba y examen, la tarea para la que toda otra tarea es mera preparación. Por eso los jóvenes, que son principiantes en todo, no *saben* amar todavía: primero tienen que aprender. Tienen que aprender a amar con todo su ser y con todas sus fuerzas concentrados en torno a su corazón solitario y temeroso, que late con ansia de elevación. Pero el aprendizaje es siempre un largo periodo de encierro, así que durante largo tiempo, y hasta ciertas alturas de la vida, amar, para el que ama, significa soledad, aislamiento creciente y cada vez más profundo. Al principio, amar no tiene nada que ver con abrirse, entregarse y unirse a otra persona (pues ¿qué sería la unión de dos seres aún sin decantar, inacabados, desordenados?). No; es para el individuo una ocasión solemne de madurar, de devenir algo en sí mismo, de convertirse en mundo, de hacerse mundo para sí por causa de otro. Es una exigencia grande e inmoderada a la que el individuo ha de hacer frente, algo que lo señala y lo llama a destinos lejanos. Esa es la única manera en que los jóvenes deberían hacer uso del amor que se les da: como exhortación a trabajar en sí mismos (a «estar alerta y martillear día y noche»). Abrirse y entregarse, y todo aquello que signifique compartir, no es para ellos (que han de pasar aún mucho, mucho tiempo guardando y acumulando); es la culminación, es quizá un desafío apenas al alcance todavía de las vidas humanas.

Sin embargo, los jóvenes, que por naturaleza carecen de paciencia, suelen cometer un grave error: cuando les sobreviene el amor, se arrojan el uno en brazos del otro, se desparraman tal como son, con todo su embrollo, desorden, desconcierto... Y eso no conduce a nada. Lo que ellos consideran su terreno común, en el que creen hallar su imposible felicidad y su porvenir, no es más que un revoltijo de cosas truncadas, que no conduce a nada en la vida. De ese modo, el uno se pierde por causa del otro, y pierde al otro también, y a muchos otros que aún estaban por llegar. Y pierde las extensiones y posibilidades que le ofrecería el futuro, renuncia a la llegada y la partida de cosas sigilosas y preñadas de intuiciones a cambio de una estéril perplejidad de la que ya nada puede brotar: nada más que un poco de asco, decepción y pobreza, y una tabla de salvación en forma de cualquiera de las muchas convenciones sociales que, como refugios públicos, se alzan en gran número a la vera de ese peligrosísimo camino. Ningún otro territorio de la experiencia humana está tan saturado de convenciones como este: no faltan salvavidas, botes y flotadores de la más diversa condición; la sociedad, previsora, ha sabido crear albergues de todas las clases; siempre ha tendido a ver en la vida amorosa un mero entretenimiento, y por eso había de modelarla como cosa ligera, barata, inocua y segura, tal como conviene a los entretenimientos públicos.

Algunos jóvenes que aman falsamente, es decir, entregándose sin más y sin preservar su soledad (de hecho, la mayoría no pasa nunca de ahí), se sienten, pese a ello, oprimidos por alguna clase de carencia, y procuran, por medios propios y personales, hacer fecundo y apto para la vida el estado al que se han visto abocados. Su naturaleza les dice que las preguntas que suscita el amor —como todas las demás cosas importantes, y aún más— no se pueden responder públicamente, a través de algún tipo de consenso social; que son preguntas íntimas, de persona a persona, y requieren en cada caso una respuesta nueva, singular y *solo* personal; pero esos jóvenes, que ya se han revuelto el uno con el otro y no pueden delimitarse ni diferenciarse, y que por lo tanto no poseen ya nada propio, ¿cómo van a poder huir de sí mismos, de las profundidades de una soledad ya sepultada bajo escombros?

Puede ser que, movidos por la desazón que comparten, se propongan, con la mejor de las intenciones, evitar los convencionalismos más obvios (por ejemplo, el matrimonio). Y entonces caen en las garras de una solución no tan aparatosa, pero sí tan fatalmente convencional como la otra; y es que, en ese momento, absolutamente todo lo que los rodea se torna formulario. Cuando se parte de un terreno común nebuloso, fruto de una confluencia prematura, *toda* acción es meramente formularia: toda relación, por inusual que sea (es, decir, inmoral en el sentido corriente), que nazca de ese estado de confusión estará lastrada por sus propios convencionalismos. En ese caso, hasta la separación será un acto formulario, una decisión casual e impersonal, sin fuerza ni fruto.

Si analizamos a fondo el asunto, veremos que, al igual que para la muerte, que es difícil, tampoco para el amor, que no lo es menos, se ha hallado todavía explicación ni solución, ni mapa o camino alguno. Para estas dos tareas que se nos han encomendado, y que legamos a nuestros herederos sin rasgar nunca el velo que las cubre, no se descubrirá jamás ninguna regla común, basada en el consenso. Pero en la medida en que nos encaminemos por la vida como individuos, esas grandes cosas se nos mostrarán desde más cerca, a nosotros, al individuo. La ardua tarea del amor impone a nuestra evolución personal exigencias sobrehumanas, a las que, como principiantes que somos, no podemos hacer frente. Pero si aguantamos y sobrellevamos ese amor como una carga y un aprendizaje, sin dejarnos extraviar por todo ese juego ligero y frívolo tras el cual los humanos se ocultan de la faceta más profundamente seria de su existencia, es posible que, algún día, los que llegarán mucho después de nosotros perciban un pequeño progreso, un ligero alivio; y eso ya sería mucho.

Al fin y al cabo, no hace tanto que empezamos a contemplar sin prejuicios y con una cierta objetividad las relaciones entre individuos, y, por lo tanto, no tenemos modelo que seguir a la hora de vivirlas de esa manera. Y, sin embargo, el paso del tiempo nos ha traído ya algunas cosas que pueden ayudarnos en nuestros intentos vacilantes y primerizos.

La muchacha y la mujer, que empiezan a recorrer caminos nuevos y propios, no serán por mucho tiempo meras imitadoras de lo bueno y lo malo del varón, y continuadoras de las vocaciones masculinas. Tras una primera etapa de inseguridad y transición, se verá que, si las mujeres han pasado por la multiplicidad y la mudanza de esos disfraces (a menudo ridículos), habrá sido solo para limpiar su ser más íntimo de las influencias deformadoras del otro sexo. Las mujeres, en las que la vida se remansa y habita con más inmediatez, fecundidad y confianza, son por fuerza seres humanos más maduros, seres humanos más humanos que el varón, ese ser inane que ignora lo que es sumergirse bajo la superficie de la vida por el peso del fruto de la carne, y que, soberbio e impaciente, no valora en su justa medida lo que cree amar. Esa humanidad que las mujeres han sabido acarrear entre dolores y humillaciones saldrá a la luz un día, cuando, al transformarse su condición externa, se desprendan de los convencionalismos de una feminidad restringida; y los varones, que todavía no adivinan su llegada, se verán sorprendidos y abrumados por ella. Algún día (y hoy ya existen indicios sólidos y luminosos de ello, en especial en los países nórdicos), algún día, la muchacha y la mujer ya no se definirán por oposición a lo masculino, y serán algo por sí mismas, algo que ya no dependerá de encajes y fronteras entre sexos, sino solo de la vida y la existencia: el ser humano femenino.

Ese progreso modificará, transformará de raíz (al principio, para gran contrariedad del varón, que se verá sobrepasado) la vivencia del amor, tan llena de error todavía, y la convertirá en una relación entre persona y persona, no entre hombre y mujer. Y ese amor más humano (que se materializará con enorme respeto y silencio, y con nobleza y claridad a la hora de ligarse y de separarse) se asemejará a ese al que nosotros pugnamos y trabajamos por abrir camino, a ese amor en el que dos soledades se protegen, delimitan y saludan la una a la otra.

Y una cosa más: no crea que fue en vano aquel gran amor que le tocó vivir antaño, siendo niño. ¿Está seguro de que no hizo madurar en su interior deseos y propósitos grandes y buenos, de los que se nutre usted todavía hoy? Creo que si aquel amor tan fuerte y poderoso permanece en su memoria fue porque por primera vez le hizo sentir una soledad profunda y lo llevó a reflexionar sobre su vida desde el interior.

Le envío mis mejores deseos, querido señor Kappus.

Afectuosamente,

RAINER MARIA RILKE

SONETO

Tembloroso, sin queja ni suspiro,
cruza mi vida un dolor oscuro y hondo.
La pureza de las flores de mis sueños
santifica mis días silenciosos.

Pero la gran pregunta se interpone
sin cesar en mi senda, y yo me encojo
y la esquivo como si bordeara
un ancho lago cuya hondura ignoro.

Y entonces se precipita en mí una pena
turbia cual negra noche de verano
que a ratos ilumina alguna estrella.

Mis manos buscan el amor a tientas,
y quisiera rezar con un sonido
que no puede encontrar mi boca ardiente...

(Franz Kappus)

Borgeby gård, Flädie (Suecia), 12 de agosto de 1904

Quiero volver a hablar un rato con usted, querido señor Kappus, aunque sé que no puedo decirle casi nada que le sea de ayuda, apenas nada útil. Ha vivido usted muchas tristezas grandes, que ya pasaron. Y dice que también el hecho de que pasaran le dolió y le ensombreció el ánimo. Pero le ruego que considere si, en realidad, esas grandes tristezas no habrán pasado a través de usted, mudando en su persona muchas cosas, y si, mientras estaba triste, no se habrá producido un cambio en algún lugar, en algún punto de su ser. Las únicas tristezas peligrosas y malas son aquellas que sacamos a la vista de la gente, para que el ruido no nos deje oírlas, y que, como enfermedades mal curadas o curadas a medias, se limitan a retroceder para brotar de nuevo al cabo de poco tiempo, más temibles todavía, y se acumulan en nuestro interior, y son vida, vida no vivida, desdeñada, perdida, que puede traer la muerte. Si fuéramos capaces de ver más allá de adonde alcanza nuestro saber, y también un poco más allá de los aledaños de nuestra intuición, quizá afrontaríamos nuestras tristezas con más aplomo que nuestras alegrías. La tristeza no es sino la señal de que algo nuevo, algo desconocido, acaba de entrar en nosotros; nuestros sentimientos enmudecen, encogidos y temerosos, todo en nosotros se echa atrás, se hace un silencio, y lo nuevo, lo que nadie conoce, se encuentra en medio, callado.

Creo que casi todas nuestras tristezas son momentos de tensión en los que nuestros sentimientos, desconcertados, parecen suspendidos, y experimentamos una sensación de parálisis. Y la razón es que nos encontramos a solas con ese elemento ajeno que ha entrado en nosotros, que hemos perdido de vista por un momento todo lo familiar y acostumbrado, que nos hallamos en medio de una transición en la que no podemos detenernos. Y precisamente por eso la tristeza acaba pasando; porque lo nuevo en nosotros, lo añadido, ya ha entrado en nuestro corazón, ha penetrado en su cámara más íntima, y ahora ya ni siquiera está ahí: está ya en la sangre. Y no llegamos a saber lo que era. Sería fácil hacernos creer que no ha pasado nada, y, sin embargo, hemos cambiado, como cambia una casa a la que llega un huésped. No podemos decir quién es el recién llegado, quizá nunca lo sabremos, pero hay muchos indicios de que es así como el futuro nos penetra, para transformarse en nosotros mucho antes incluso de acontecer. Y por eso es tan importante estar solo y vigilante cuando se está triste; porque el momento, aparentemente anodino e indiferente, en que nuestro futuro entra en nosotros, está mucho más cerca de la vida que esos otros instantes ruidosos y casuales en que nos acontece como desde fuera. En los momentos de tristeza nos conviene estar silenciosos, pacientes y atentos, porque así lo nuevo penetrará en nosotros profundamente y sin estorbo, lo asimilaremos mejor, y será más *nuestro* destino. Y cuando llegue el día en que «suceda» (es decir, cuando salga de nuestro interior y se manifieste a los demás), nos sabremos cercanos y ligados a él en lo más hondo de nuestro ser. Y así es como debe ser. Es necesario —y hacia ahí nos conduce paso a paso nuestra evolución— que nada de lo que nos llegue nos sea ajeno, que todo lo nuevo forme parte de nosotros desde hace tiempo. No sería la primera vez que la humanidad ha de cambiar radicalmente su percepción de un movimiento. Poco a poco iremos descubriendo que lo que llamamos destino no es algo que entra en nosotros desde fuera, sino algo que surge de nosotros. Desde siempre, la mayoría de los humanos han vivido su destino sin llegar a absorberlo y convertirlo en sustancia propia; por eso lo que surgía de su interior les resultaba irreconocible, tanto que, presa del desconcierto y el terror, creían que en realidad acababa de entrar en ellos, pues estaban seguros de no haber visto nunca nada semejante dentro de sí. Durante mucho tiempo albergamos creencias erróneas acerca del movimiento del sol; del mismo modo, desconocemos todavía la verdadera naturaleza del movimiento de lo por venir. El futuro, querido señor Kappus, no se mueve: somos nosotros los que deambulamos por el espacio infinito.

No es de extrañar que las cosas nos resulten tan difíciles.

Y, volviendo al tema de la soledad, cada vez está más claro que en el fondo no es algo que se pueda aceptar o rechazar. *Estamos* solos. Lo que pasa es que podemos engañarnos a ese respecto y actuar como si no fuera así. Eso es todo. Pero es mucho mejor ser conscientes de que estamos solos, es más, darlo por sentado. Esa actitud, desde luego, produce vértigo, pues nos hace perder de vista todos los puntos hacia los que solíamos dirigir la mirada, y ya no hay nada cercano, y todo lo lejano queda infinitamente lejos. Alguien que, estando en su habitación, se viera transportado de manera imprevista y sin transición a la cumbre de una gran montaña, sentiría algo parecido: una extraordinaria inseguridad, el terror de verse en manos de la enormidad, que casi lo aniquilaría. Le parecería caer a plomo, o ser proyectado violentamente hacia el espacio, o reventar en mil pedazos. Qué descomunal mentira tendría que inventar su cerebro para acomodarse a lo que percibe y hallarle una explicación. Del mismo modo, quien entra en la soledad ve modificarse todas las distancias, todas las medidas; muchas de esas modificaciones se verifican de repente, y como al hombre trasladado a la cumbre, lo asaltan imágenes singulares y sensaciones extrañas, que parecen ir más allá de lo soportable. Pero es preciso que vivamos también *eso*. Tenemos que aceptar nuestro destino hasta el extremo más *lejano*; todo, hasta lo inaudito, tiene que ser posible en él. No se nos exige, en el fondo, más coraje que ese: el de aceptar con valentía hasta lo más extraño, peregrino e inexplicable que nos pueda acontecer. La cobardía de los humanos en ese ámbito ha causado un daño enorme a la vida; las experiencias que llamamos «apariciones», todo lo que suele denominarse «mundo de los espíritus», la muerte, todas esas cosas tan cercanas a nosotros, han sido expulsadas de la vida por el rechazo cotidiano, hasta atrofiar los sentidos que podrían percibirlas. Por no hablar de Dios. Pero el miedo a lo inexplicable no solo empobrece la existencia del individuo, también limita las relaciones interpersonales; las arranca, por decirlo así, del cauce de las posibilidades infinitas y las deposita en una orilla yerma a la que nada le acontece. Si las relaciones humanas se ajustan una y otra vez al mismo patrón monótono y cansino, no es solo por pereza, sino también por temor a alguna vivencia nueva, imprevisible, que nos vendría demasiado grande. Pero solo quien está preparado para todo, quien no descarta nada, ni siquiera el mayor enigma, puede vivir como algo vivo la relación con otra persona e incluso sacar todo el jugo a su propia existencia. Podemos figurarnos la existencia del individuo como una habitación, más o menos grande, de la que la mayoría no llegan a conocer más que un rincón, un lugar junto a la ventana, una franja por la que andan de aquí para allá. Eso les da una cierta seguridad. Y, sin embargo, es mucho más humana esa peligrosa inseguridad que impulsa a los prisioneros de las historias de Poe a explorar a tientas la forma de sus escalofriantes calabozos y a no cerrar los ojos a los terrores indecibles de su encierro. Pero nosotros no estamos presos. Nadie nos tiende trampas ni lazos, ni hay nada que pueda realmente asustarnos o atormentarnos. Nos han puesto en la vida, que es el entorno más propicio a nuestra naturaleza, y al que además, después de milenios de adaptación, nos hemos hecho tan afines que, cuando nos detenemos, apenas nos diferenciamos de lo que nos rodea, gracias a un eficaz mimetismo. No tenemos motivos para desconfiar de nuestro mundo, pues no está contra nosotros. Si hay en él horrores, son *nuestros* horrores; si hay en él abismos, esos abismos nos pertenecen; si hay en él peligros, debemos intentar amarlos. Y si guiamos nuestra vida por ese principio que nos aconseja buscar siempre lo difícil, todo lo que ahora se nos antoja extrañísimo se tornará perfectamente familiar y entrañable. Forman parte imborrable de nuestra memoria los mitos comunes a los inicios de todos los pueblos, donde los dragones se transforman en princesas en el instante decisivo; pues bien, quizá todos los dragones de nuestra vida son princesas que solo aguardan a que por una vez nos mostremos hermosos y valientes. Quién sabe si detrás de lo terrible no habrá acaso más que desamparo que espera nuestra ayuda.

Así pues, querido señor Kappus, no debe temblar cuando vea alzarse ante usted una tristeza más grande que la que haya sentido jamás, ni al ver cernerse sobre sus manos y sobre todos sus actos una mezcla inquietante de nubes y claros. Piense que algo está sucediendo en su persona, que la vida no lo ha olvidado, que lo lleva de la mano y no lo dejará caer. No quiera expulsar de su vida ninguna inquietud, ningún dolor, ninguna melancolía, antes de saber lo que esos estados obran en usted. Ni se torture preguntándose de dónde puede proceder todo eso y hacia dónde va. Sabe usted muy bien que se halla en transición, y que no desea nada más ardientemente que transformarse. Si algo en ese proceso le parece enfermizo, recuerde que la enfermedad es el medio por el que un organismo se libera de los elementos extraños, así que hay que ayudarlo a estar enfermo, a sufrir y desarrollar plenamente la dolencia, pues en ello radica su progreso. En su persona, querido señor Kappus, están sucediendo muchas cosas; necesitará la paciencia de un enfermo y la esperanza del que sana, pues quizá es las dos cosas a un tiempo. Más aún: es incluso el médico, un médico que se ha de vigilar a sí mismo. Pero en el curso de toda enfermedad hay muchos días en los que el médico no puede hacer otra cosa que esperar. Y eso es lo más importante que usted, como médico de sí mismo, debe hacer ahora.

No se observe demasiado. No saque conclusiones precipitadas de lo que le sucede; deje que suceda sin más. De otro modo, quizá acabe contemplando con reproche (es decir, con un juicio moral) su pasado, que por supuesto tiene mucho que ver con lo que le sucede ahora. Pero lo que de verdad queda en usted de los deseos, anhelos y despropósitos de su infancia no es todo eso que ahora recuerda y deplora. Una infancia solitaria y desamparada es un estado excepcional, difícil, complicado, sometido a las más diversas influencias y al mismo tiempo desgajado de los verdaderos mecanismos de la vida, hasta el punto de que, cuando un vicio entra en él, no se puede llamar vicio sin más. Hay que tener siempre mucho cuidado con los nombres; a menudo es el *nombre* de un delito lo que echa a perder una vida, no el propio acto personal, carente de nombre y quizá fruto de una necesidad muy concreta, que la persona habría podido tolerar sin esfuerzo. Y si le parece que gastó demasiada energía, es porque sobrevalora la victoria; no es esa la «gran» hazaña que usted cree haber logrado, aunque sus sentimientos no se equivocan. Lo de veras grande es el hecho de que ya había en usted algo que podía ocupar el lugar de aquella mentira, algo verdadero y real. Sin ello, tampoco su victoria habría pasado de ser una mera reacción moral, carente de significado profundo, pero así se convirtió en un punto de inflexión en su vida. En su vida, querido señor Kappus, para la que le deseo todo lo mejor. ¿Recuerda cómo esa vida anhelaba lo «grande» ya desde la infancia? Veo que ahora no le basta con lo grande: anhela algo aún más grande. Por eso seguirá siendo difícil, pero también por eso seguirá creciendo.

Y solo he de decirle una cosa más: No crea que este que intenta consolarlo habita cómodamente entre las palabras sencillas y sosegadas que a veces le hacen bien a usted. También su vida tiene muchos trabajos y tristezas, y le va muy a la zaga a usted. De otro modo, jamás habría encontrado esas palabras.

Afectuosamente,

RAINER MARIA RILKE

Furuborg, Jonsered (Suecia), 4 de noviembre de 1904

Querido señor Kappus:

Durante este tiempo que ha pasado sin carta, he estado o bien de viaje o bien demasiado ocupado para escribir. Y tampoco hoy me resulta fácil hacerlo, porque ya he tenido que despachar muchas cartas y tengo la mano cansada. Si pudiera dictarle esta carta a alguien, le contaría a usted muchas cosas, pero, como no es así, espero que acepte estas pocas palabras a cambio de su larga carta.

Pienso en usted, querido señor Kappus, tan a menudo y con tal concentración de buenos deseos que solo eso ya debería bastar para ayudarlo de algún modo. Muchas veces dudo que mis cartas puedan serle verdaderamente útiles. Y no se moleste en decirme que sí lo son. Recíbalas con aplomo y sin demasiada gratitud, y deje que venga lo que haya de venir.

Quizá no sirva para nada que me detenga a comentar en detalle lo que me escribe; podría hablar de su tendencia a la duda o de su incapacidad de armonizar la vida exterior y la interior, o de cualquiera de las otras cosas que lo oprimen, pero no añadiría gran cosa a lo que ya le he dicho: quisiera que encontrase en su interior la paciencia necesaria para soportar todo eso, y la ingenuidad necesaria para creer; que vaya afrontando cada vez más con confianza todas las cosas difíciles, entre ellas su soledad. Por lo demás, deje que vaya pasando la vida. Créame: la vida tiene razón, en todos los casos.

En cuanto a los sentimientos, todos los que lo hacen concentrarse y lo elevan son puros; el único impuro es ese que solo abarca *una* parte de su ser y, por lo tanto, lo deforma. Todo lo que pueda pensar acerca de su infancia es bueno. Todo lo que lo haga ser *más* de lo que ha sido hasta ahora en sus mejores momentos es válido. Toda intensificación es buena con tal de que esté en *toda* su sangre, con tal de que no sea euforia ni turbación, sino gozo cuyo fondo se puede ver. ¿Entiende lo que quiero decirle?

Y también su duda puede convertirse en una buena cualidad si la *educa*. Debe ponerla al servicio del conocimiento, debe convertirla en crítica. Cuando vea que la duda amenaza con echar por tierra alguna cosa, pregúntele *por qué* esa cosa es fea, exíjale pruebas, examínela; puede ser que, desconcertada, no sepa qué responderle, o que se muestre obstinada y contumaz. Pero, en cualquier caso, no ceda y reclame argumentos; esté siempre atento y sea consecuente con ese principio, y llegará el día en que la duda, ahora capaz solo de destruir, se convertirá en uno de sus mejores operarios, quizá en el más inteligente de todos los que van edificando su vida.

Esto es todo lo que soy capaz de decirle hoy, querido señor Kappus. Pero le envío con esta carta la separata de un pequeño poema que acababa de aparecer en la revista *Deutsche Arbeit* de Praga. En él sigo hablándole a usted de la vida y de la muerte y de lo grandes y magníficas que son ambas.

Afectuosamente,

RAINER MARIA RILKE

París, día de San Esteban de 1908

Quiero que sepa, querido señor Kappus, la alegría que me produjo recibir su hermosa carta. Las noticias que me da en ella, ahora de nuevo reales y palpables, me parecen buenas, y, cuanto más lo pienso, más me reafirmo en esa opinión. Tenía pensado escribirle esto para Navidad, pero en medio del trabajo múltiple e incesante al que me he consagrado este invierno, la antigua fiesta se me ha echado encima sin sentirlo, de modo que apenas he tenido tiempo para hacer los preparativos más elementales, y mucho menos para escribir.

Pero sí he pensado a menudo en usted durante estos días de celebración, y me he imaginado la calma en la que debe vivir en su solitaria fortaleza entre las montañas desiertas, barridas por esos grandes vientos meridionales que parecen querer devorarlas a grandes bocados.

Debe ser inmenso el silencio en el que habitan esos sonidos y movimientos, y cuando pienso que la presencia lejana del mar se suma a todas esas voces y resuena con ellas, acaso como el tono más íntimo en esa armonía prehistórica, no puedo sino desearle que, con toda confianza y paciencia, deje obrar efecto en usted a esa grandiosa soledad, que formará parte inseparable de su vida para siempre, que, en todo lo que le queda por vivir y por hacer, se prolongará como una influencia anónima que actuará en silencio pero decisivamente, igual que la sangre de nuestros antepasados circula sin cesar por dentro de nosotros y se mezcla con la nuestra para constituir eso único e irrepetible que somos en cada lance de nuestra vida.

Así es: me felicito de que haya hallado usted ese modo de vida estable y expresable con palabras, ese rango, ese uniforme, ese servicio, todas esas cosas palpables y limitadas, que en un entorno semejante, en medio de una guarnición tan aislada como usted mismo y no muy numerosa, adquieren seriedad y necesidad. A diferencia de otros empleos militares, en los que lo más importante es distraerse y pasar el tiempo, el suyo requiere constante vigilancia, y le permitirá, es más, le enseñará a mantenerse despierto por sus propios medios. Y lo único que de veras necesitamos es hallarnos en situaciones que obren un efecto positivo en nosotros, que nos confronten de vez en cuando con grandes cosas naturales.

También el arte es solo una manera de vivir, y es posible prepararse para ella sin saberlo, simplemente viviendo sin más; todo lo real y concreto nos acerca y nos avecina más a ella que las irreales profesiones semiartísticas que, fingiendo proximidad al arte, niegan y socavan en la práctica su existencia, como sucede por ejemplo con el periodismo de cualquier clase, casi toda la crítica y tres cuartas partes de lo que llaman literatura o pretende serlo. Me alegro, en una palabra, de que haya superado el peligro de caer en esas trampas y se encuentre solitario y valiente en algún lugar rodeado de agreste realidad. Espero que el año que se inicia lo reafirme y lo confirme en ello.

Con el afecto de siempre,

RAINER MARIA RILKE

EL EVANGELIO SEGÚN RILKE

Posfacio del traductor

Tras su publicación en 1929 en la editorial Insel de Leipzig, las diez cartas que el poeta Rainer Maria Rilke dirigió a Franz Xaver Kappus (el *joven poeta* al que alude el título) entre 1903 y 1908 se convirtieron pronto en la obra más difundida del poeta de Praga, por encima de sus poemarios y sus obras en prosa, y su popularidad no ha dejado de crecer desde entonces en todo el mundo occidental. Hoy las *Cartas a un joven poeta*, y en particular algunas de las ideas que contienen, son mercancía común dentro de determinados ámbitos y han llegado incluso a circular por las redes y a andar en boca de celebridades. Para ilustrar el alcance de esta popularidad, baste recordar que la cantante Lady Gaga se tatuó en un brazo un fragmento de la primera de las cartas.

Por supuesto, el objetivo inmediato de Rilke al escribir las cartas a Kappus no era su publicación. Pero hay que aclarar que el poeta de Praga era perfectamente consciente de que su correspondencia podía rebasar el ámbito de lo privado. La recopilación de las cartas privadas de Rilke, publicada por primera vez en 1929 en la primera edición de la obra completa en Insel, permite hacerse una idea bastante precisa de la evolución intelectual y personal del poeta, y revela también una parte del pensamiento estético que sustenta su obra. Desde cualquier punto de vista, la correspondencia de Rilke debe considerarse parte integrante de su obra literaria.

Además de esta primera edición incompleta del conjunto de la correspondencia y sus sucesivas ampliaciones, se han publicado en volúmenes independientes las cartas enviadas a más de una quincena de interlocutores distintos. Entre ellos, figuras bien conocidas como Lou Andreas-Salomé, Hugo von Hofmannsthal, Stefan Zweig, Marina Tsvetáieva o Boris Pasternak; y otras más privadas, como su propia madre o la princesa Marie von Thurn und Taxis. Del mismo modo, también se han publicado algunas recopilaciones bajo criterio temático, como la dedicada a la obra de Paul Cézanne. En total, se calcula que Rilke escribió cerca de quince mil cartas, y la mayor parte de sus numerosos corresponsales supieron apreciarlas en su justo valor.

Por su parte, el cadete Kappus también comprendió la importancia de las misivas que tenía entre manos. A la vista de su biografía, podría aducirse con malicia que el mayor beneficio que le reportaron fue la suma obtenida al subastarlas en 1953. Pero lo cierto es que su papel en esta historia no se limitó al de mero corresponsal o beneficiario, ya que asumió el deber de divulgarlas. Tras la muerte de Rilke en 1926, Kappus promovió activamente la publicación de las *Cartas*, primero parcialmente en un volumen de homenaje a Rilke publicado solo un año más tarde, después en una revista cultural francesa y finalmente en un tomo individual de la colección Insel-Bücherei anexo a la primera edición de la obra completa.

Franz Xaver Kappus (1883-1966) nació en Timişoara (por entonces parte del imperio austro-húngaro y actualmente de Rumanía). Tras abandonar la carrera militar, se dedicó al periodismo, la literatura y la edición, fundamentalmente en Alemania. En la introducción a este volumen, él mismo relata en tono de anécdota el inicio de su correspondencia con Rilke en su etapa como cadete en una academia militar. Además de pedirle consejo para el desarrollo de su carrera literaria, Kappus buscaba probablemente la ayuda del poeta ya consagrado para publicar sus primeros intentos poéticos. Como podrá comprobar el lector, la respuesta de Rilke fue amplia y profunda. Pero no parece que a Kappus le fuera de gran provecho. El cadete respondió con evasivas a la sugerencia de autoanalizarse para descubrir si su vocación lírica era genuina, y solo acabó desistiendo de ella ante la negativa de las editoriales a publicar sus poemas.*

Como ya he dicho, las *Cartas a un joven poeta* son, de largo, la obra más leída de Rilke y gozan de un prestigio indeleble en el mundo de las profesiones creativas. Quizá la razón principal de su éxito sea su aparente intención propedéutica, que puede estimular a algunos aspirantes a poeta a buscar en ellas un manual de iniciación al oficio. Y, en efecto, las *Cartas* pueden leerse como una guía de carácter iniciático que revela a sus lectores el secreto del verdadero arte, y que por lo tanto no puede faltar entre las lecturas de todo principiante en el mundo de las letras.

También hay, por otro lado, quien ve en ellas una dimensión filosófica o, por lo menos, un conjunto de recomendaciones de validez general para la vida. Estas lecturas tangenciales de las *Cartas* se detienen especialmente en su tratamiento de cuestiones de orden

---

* Ver Rainer Maria Rilke. *Briefe an einen jungen Dichter. Mit den Briefen von Franz Xaver Kappus.* Herausgegeben von Erich Unglaub. Göttingen: Wallstein, 2024

existencial, tales como la vocación profesional, la independencia del individuo, las relaciones amorosas o el papel de la mujer en la sociedad. De este modo, sitúan a las *Cartas* en las proximidades de lo que hoy denominamos literatura de crecimiento personal.

Un listón muy elevado

Cabe preguntarse, pues, si el mensaje genuino de las *Cartas a un joven poeta* ha llegado de manera eficaz a sus destinatarios. Como comprobará el lector atento, las condiciones que establece Rilke para el ejercicio del arte o para el buen gobierno de la vida son de tal dificultad que, en buena lógica, deberían disuadir a la gran mayoría de los aspirantes. «Hemos de buscar lo difícil», afirma de manera categórica el poeta en la séptima carta. Y quizá sea ese el más importante de los requisitos que plantea, ya que de él se derivan prácticamente todos los demás: «Casi todo lo serio es difícil, y todo es serio».

Quien las lea de manera desprejuiciada, apreciará que las *Cartas*, lejos de constituir un estímulo para los jóvenes poetas, levantan una barrera infranqueable para todos aquellos que no estén dispuestos a hacer de su presunta vocación un sacerdocio. Rilke pone el listón muy alto cuando exhorta al lector a confesarse a sí mismo «si moriría en caso de que le estuviera vedado escribir». Semejante requisito no parece de fácil cumplimiento si se toma al pie de la letra, y nada hace pensar que Rilke lo formulara en sentido figurado. A él añade este inflexible imperativo: «Si uno tiene la sensación, por leve que sea, de que podría vivir sin escribir, no le es lícito escribir». Es difícil imaginar un filtro más estricto.

Así pues, más que al emprendimiento de una carrera artística, la lectura de las *Cartas* debería conducir a su abandono en la abrumadora mayoría de los casos. Pero eso no es todo. En el caso improbable de que la respuesta a la gran pregunta sea afirmativa, el aspirante deberá poner toda su existencia al servicio de la causa del arte. No es poeta quien quiere serlo, sino quien no puede ser otra cosa: tras asegurarse, en un severo examen de conciencia, de que está destinado a ser poeta, el aspirante debe abandonarlo todo y consagrarse a la escritura, lo cual, evidentemente, equivale a hacer voto de pobreza. Resuena en nuestro oído la exigencia evangélica al verdadero discípulo: «Si quieres ser perfecto, vende cuanto tienes, dalo a los pobres, y tendrás un tesoro en los cielos, y ven y sígueme» (Mateo, 19:21).

¿Quién podría estar a la altura de una ética tan rigurosa? Desde luego, no el destinatario original del texto, el joven poeta Kappus. Acaso únicamente el propio Rilke. Y es que las *Cartas*, en realidad, no deben leerse como un prontuario para poetas aspirantes, sino como genuina declaración de principios del autor. Rilke no expuso nunca públicamente su poética ni explicitó su programa literario en ningún escrito teórico. Solo en las *Cartas* hizo el esfuerzo de nombrar las premisas de su proceso creativo: introspección, soledad, paciencia.

El programa (po)ético rilkeano

Con su llamada a lo esencial del acto creativo, Rilke busca la fuente de la creatividad en la mirada hacia el interior y abjura de toda dependencia externa. Su exigencia aleja la poesía de la dimensión social y la ancla en el ámbito de la experiencia. Proclama que nada hay más ajeno a la poesía que el oficio civil de poeta. El oficio de poeta, en sus variantes áulica y mediática, no es más que una librea de la que colgar escarapelas, una peana para figurillas y figurones, adosada a un sistema bien engrasado de premios y certámenes que se encarga de exhibir su banalidad. El grito de las *Cartas* debería silenciar el gorjeo de la corte de poetas laureados que pacen en despachos funcionariales o académicos.

En el programa ético-estético que explicita en las

Cartas, Rilke no solo se distancia de la figura del poeta como ser social, sino que declara caduca toda la tradición literaria. La poesía no se puede aprender, no hay ningún método formalizable que conduzca a la creación poética y, por extensión, artística. Esta visión es *absolument moderne*, pero conecta con una corriente, nunca interrumpida, que vincula la creación artística a lo sagrado y tiene su origen en el mito. Sin embargo, para Rilke, el templo de lo sagrado es el yo creador. El poeta es un chamán, pero su palabra no procede de ninguna esfera transcendente. El oráculo habita en el alma del individuo.

Y es en la naturaleza, en el mundo de los objetos, donde el poeta debe buscar su lenguaje. La ética rilkeana que se trasluce en las *Cartas* huye de los grandes temas y predica la «devoción hacia lo minúsculo». El poeta debe contemplar el mundo «como si fuera el primer hombre» y describirlo, por lo tanto, sin recurrir a los medios de expresión que le ofrece la tradición literaria. Como dijo en algún lugar Manuel Rivas, la mayor bendición para la poesía sería una catástrofe que la aniquilara y la dejara volver a brotar en los campos como flor silvestre. A partir de ahí sería posible la «poesía de las cosas» hacia la que tendía Rilke en ese momento de su carrera.

En consecuencia, la técnica y la forma no serán ya

premisas del poema, sino atributos que surgen de la misma fuente que la voz poética: el yo. El poeta no debe aspirar a satisfacer expectativas ajenas y, por lo tanto, no debe sujetarse a ningún programa estético o receta académica. Escandir acentos o pergeñar el armazón de un poema solo tendrá sentido si responde a un mandato interior. El poeta debe ser como el orfebre que no traza sus arabescos en el metal al gusto del cliente que le comprará la sortija, sino como se lo exige su propia visión de la obra acabada. No es, pues, la valoración externa ni la pericia técnica lo que distingue la poesía genuina. El arte surge del rapto, de «un espacio en el que jamás ha penetrado palabra alguna». Acaso habrá más poesía entre los renglones de una viuda que despide al amor de su vida con un puñado de versos cargados de lugares comunes que en las páginas de alguna galardonada oficial, y más arte entre las rimas de algún rapero que mide sus sílabas a gorrazos que entre las hojas de servicios bellamente encuadernadas de los *tenores huecos* que desdeñaba Machado.

Otra de las exhortaciones de las *Cartas* es la que alude al ritmo de trabajo del poeta. Rilke describe el ciclo creativo en los términos de la reproducción humana: crear es «estar embarazado y luego dar a luz». Hay que dejar que la obra vaya gestándose sin intervención consciente del artista. Así, en el proceso de creación, la tarea más importante que corresponde al creador es la espera, y su virtud más necesaria, la paciencia. ¿Puede haber algo más ajeno a nuestro tiempo que el imperativo de esperar? Nada puede ser hoy más extemporáneo que ese «vivir artísticamente» cuyas condiciones previas son la humildad, la paciencia y la soledad.

Algo parecido cabe decir de la exigencia de buscar lo difícil. La complacencia en lo fácil y lo inmediato nos condena a una adolescencia perpetua. Por ello, en la visión rilkeana, la condición artística redime al creador de la inmadurez al imponerle un régimen de disciplina, soledad y silencio. Hay en este programa vital una llamada a la ascesis que, tras un proceso de meditación, conduce a la culminación mística, con la particularidad de que, en Rilke, la unión supraterrenal del asceta con lo sagrado se verifica en la obra. Este *camino de perfección* trae reminiscencias de las corrientes de pensamiento que, en el mundo contemporáneo, predican la búsqueda de la espiritualidad. No es de extrañar, pues, que la apelación de las *Cartas* halle eco entre quienes aspiran a la elevación por la vía meditativa. Quizá esto contribuya también a explicar su éxito perenne.

El poeta y la crítica

La admonición de Rilke a buscar en el yo el sentido de la escritura («pregúntese, en la hora más serena de la noche: *¿Tengo que* escribir?») revela la última y definitiva verdad de la creación: es un acto individual que se lleva a cabo por necesidad, y *solo* para satisfacer esa necesidad. Por eso mismo, todo juicio externo resulta irrelevante: «El creador debe ser un mundo por sí mismo y encontrarlo todo en sí mismo y en la naturaleza, a la que está ligado». En consecuencia, la (po) ética rilkeana desdeña de manera radical la crítica y, en un contexto más amplio, toda interpretación de la obra de arte. «No hay palabra crítica capaz de rozar en modo alguno una obra de arte», afirma el poeta ya en las primeras líneas de la primera carta. El poema es una «existencia misteriosa», no perecedera, que no necesita ni admite validación a cargo de terceros. De la obra no se puede hablar, o por lo menos no se puede afirmar nada relevante, ya que lo único relevante es la creación, que surge del yo. A la obra de arte «solo se la puede juzgar por su origen».

Y, si asumimos esta idea, las *Cartas* también pueden ayudarnos a deshacer un nudo muy de nuestros días. Cuando vemos cómo un algoritmo es capaz de crear versos perfectamente construidos y escupir con desvergüenza algo parecido a la poesía, tememos asistir a la agonía de la creatividad humana. Pero Rilke nos recuerda que es el acto creador lo único que importa. Y ese acto, como toda experiencia, solo es posible en primera persona. El hecho de que una herramienta sea capaz de generar textos no nos priva, no puede privarnos, de la experiencia de la creación literaria, del mismo modo que un software de ajedrez, pese a ser capaz de batir a cualquier gran maestro, no puede privarnos de jugar nosotros mismos todas las partidas que deseemos. Y eso es lo único realmente importante en cualquier juego.

¿Por qué Jacobsen?

Una de las cosas que llaman la atención a la mayoría de los lectores de las *Cartas a un joven poeta* es la alusión de Rilke al escritor danés Jens Peter Jacobsen (1847-1885). El resto de los modelos a los que se remite el poeta de Praga son ampliamente conocidos: la Biblia, Auguste Rodin, Edgar Allan Poe. No es el caso de Jacobsen, cuya obra dista mucho de haber alcanzado un reconocimiento universal. Resulta, pues, llamativo que Rilke lo prescriba como lectura obligatoria para el aspirante a poeta. Para entender esto, hay que asumir que la importancia de Jacobsen para

Rilke no se explica por su valor literario (que pertenece al ámbito de lo externo y es, por lo tanto, irrelevante), sino exclusivamente por su afinidad personal y artística.

Jacobsen, como Rilke, se caracteriza por una personalidad pasiva, sensible a las impresiones sensoriales. Sus temas principales son la soledad, el aislamiento, los sueños y la muerte, centrales también para el poeta de Praga. Rilke descubrió en él el concepto de la «poesía de las cosas». Por otra parte, el poeta danés encarna, a ojos de Rilke, un ideal de soledad que, lejos de ser una mera pose melancólica, se convierte en condición necesaria para la creación. Jacobsen inspiró a Rilke la idea de que la obra solo puede surgir de una irrevocable necesidad interna, y fue el maestro que le enseñó que «el canto es existencia» (*Gesang ist Dasein*).*

Unas nuevas CARTAS

El lector de habla española de las *Cartas* dispone de varias ediciones fácilmente accesibles. Esta nueva traducción (reelaboración de mi propia versión del

---

* Ver Lydia Baer. «Rilke and Jens Peter Jacobsen». *PMLA*, vol. 54, n.º 3 (sep. 1939), pp. 900-932

año 2000)* no viene, por lo tanto, a llenar ningún hueco, sino que solo pretende ofrecer una versión sin oscuridades. El resultado, como toda traducción, no puede ser definitivo, pero aspira a sonar como la voz del alumno que recita la lección con soltura porque la ha interiorizado tras muchas tardes de estudio. No hace falta justificar nuevas traducciones de los clásicos. Forman parte de la debida rutina de mantenimiento de toda cultura, igual que una tabla de ejercicios gimnásticos ayuda a conservar el tono muscular y fortalecer las articulaciones. Sin embargo, cada nueva lectura de un texto de referencia se inscribe en el nuevo contexto y actualiza su aportación. Ahí radica la única razón de ser de esta nueva versión: ayudar modestamente a que las *Cartas* iluminen nuevos rincones de nuestro paisaje.

JOAN PARRA

* Rainer Maria Rilke. *Elegías de Duino. Los sonetos a Orfeo y otros poemas. Seguido de Cartas a un joven poeta.* Edición bilingüe de Eustaquio Barjau y Joan Parra. Barcelona: Círculo de lectores, 2000

Rose, oh reiner Widerspruch,
Lust,
niemandes Schlaf zu sein
unter so viel Lidern.

Rosa, oh pura contradicción,
gozo,
de no ser el sueño de nadie
bajo tantos párpados.

La tumba de Rainer Maria Rilke se encuentra en el cementerio de Raron, en el cantón del Valais (Suiza). El texto reproducido es el epitafio escrito por el propio autor y grabado en su lápida en lengua alemana. El poema fue escrito por Rilke y destinado por él mismo a figurar como epígrafe funerario antes de su muerte, en 1926. Reproducimos la versión original en alemán y, debajo, su traducción al castellano.

Esta primera edición de
Cartas a un joven poeta
se hizo tinta y papel en marzo de 2026.

ALFABETŌ

www.editorialalfabeto.com
@editorialalfabeto

«Un clásico es un libro que nunca
termina de decir lo que tiene que decir».
Italo Calvino

«¡La carne está triste, ¡ay!
Y he leído todos los libros»,
escribió Mallarmé. Pero si no has leído todos
los libros de Alfabeto… es que todavía
no has leído todos los libros.